JN440287

그 생각이 나를 지배하기 시작했을 때

최경순 시집

문학의전당 시인선
249

그 생각이 나를 지배하기 시작했을 때

최경순 시집

문학의전당

시인의 말

조금이라도 더
잠 속에 잠겨 있고 싶었던 새벽 시간들
창문을 열어젖히는 첫 새소리는
새로운 하루를 물고 와 나를 채근하곤 했다.
새소리에 묻어나는 시를 발견한 건
내 삶의 거대한 발견이었다.
새벽달을 향하여
질문과 대답을 번갈아가며
달빛의 온기를 느낀다.
새벽을 즐기던 나의 시들을 모아
세상 속으로 내보낸다.
이 행복을 오래오래 간직하고 싶다.

2017년 2월
최경순

차례

제2부

제3부

제4부

제1부

새들은 사라지고

저녁노을 속으로 새들이 사라지고
빈 들판의 억새들이 불타고 있다
텅 빈 오선지가 된 전깃줄에는
새들이 두고 간 재잘거림이 그대로 매달려 있다
무리 지어 날아가던 새떼들의 뒷모습
오래도록 기억 속에 머물 것이다
가슴에는 새들의 노래 들어박히고
나는 오늘의 우연한 풍경에 취해버린다
어느 날 문득 다시 찾아올지도 모르는
저 평화롭고 아름다운 풍경
노을이 갈대밭을 불살라도
가벼운 화상 하나 없이 산등성이를 넘는 새들
겨울 산맥을 지나 봄의 땅을 찾아가는가
한 해의 끝자락에서
오늘 하루를 태워버린 태양은
내일 아침이면 말간 얼굴로 다시 돌아올 것이다
사라진 새떼들이 벌써 기다려진다

유폐된 그리움

세상의 가속도에 떠밀려
밝은 곳에서 지하로 숨어든 헌책방
침침한 계단에 희미한 형광등이 눈을 비비고
빨간 노끈에 질끈 묶인 서적들이
숱한 사연들을 함구한 채 먼지를 뒤집어쓰고 있다

닳아빠진 책갈피 속에서 발견되는 낯 뜨거운 연서에
책방 사내의 얼굴이 붉게 물든다
입꼬리를 올리며 해묵은 사랑을 더듬어보는
사내에게도 꽃피던 시절은 있었으리라
때로는 하얀 봉투 속에 고이 접은 지폐 몇 장을 발견하면
어지러운 세상을 피해 들어온 낯선 사람의
책값을 대신 지불해주기도 한다는 사내

유난히 내 눈을 끌어당기는 푸른 표지를 연다
치열한 삶을 비켜 앉아 저만치 물러앉은 날들이
활자 속에서 고개를 든다
굳어가던 가슴을 녹여내고 내일의 뜨끈뜨끈한 사랑을

모락모락 피워 올려줄 글귀들이 살아나온다
아름다운 시들이 모여 사는 시인 동네
잠시 행복에 빠진다
천정 환풍기에 매달린 먼지들이
카세트에서 흘러나오는 추억의 멜로디에 춤을 추고 있다

저쪽 한구석에서 스마트폰이 막혀 짜증을 부려도
책을 든 아들의 입가엔 미소가 가득하다
공상만화의 허구에 푹 빠져 있는 게 분명하다
지금 저 자리를 닮은 나의 헌책방 시절로 거슬러온 듯
나의 추억들이 학창시절을 그리움으로 물들이고 있다
아들과 함께 찾은 헌책방,
가파른 세상에서의 무딘 고집들을 둘러보는 사이
밖에는 산수유가 향기를 내뿜고 있다

간극

아침 햇살이 차근차근 들판을 밟아 나가고
까마귀들은 새벽잠을 털어내고 있다
지난밤, 어디 조문이라도 다녀왔는가
전깃줄의 긴장도 팽팽하다
그러고 보니
출근을 서두르는 내 차 곁에
평행을 맞추며 따라붙는 영구차가 있다
떠나는 사람과 남는 사람의 간극이
쉽게 헤아려지지 않는 아침 길이다

식솔들을 두고 떠나가는 망자는
저 어리고 힘없는
식솔들의 눈물을 보지 못한다
이별이란 저토록 처절한 통곡의 강을
건너야만 하는 것인가
때가 되면 계절은 금방 몸을 바꾸는데
환생을 믿고 사는 사람들 앞에
다시 나타난 사람은 하나도 없다

가끔씩 찾아드는 부고장을 볼 때마다
삶과 죽음의 간극 속에 사는 것 같다
부질없는 생각을 추스르며
나는 나의 출근을 서두른다

말의 힘

걸러내지 못한 말 한 마디
천둥번개를 동반한 폭풍우가 되어
사람의 가슴을 쓸어버리는 일은 순간이다
혀의 칼날에 베인 상처는
평생을 가슴 짓무르는 독이 되기도 하는 법
입안에 감춰진 도끼 한 자루
아름드리나무인들 찍어 넘기지 못할까
힘의 혀 앞에 舌舌 엎드려 기는 사람들도 많은데
혀 한번 잘 써서
태산보다 높은 슬픔도 무너뜨리고
천 냥 빚도 탕감한다는데

말 많이 한 날
괜한 후회로 마음은 천근만근이 된 적이 있다
침묵의 한 마음을 돌리지 못하고
혀가 돌아가는 대로 나를 맡겨버린 탓
입들은 잎들보다 더 무성한 그늘을 낳았다
마음이 고요한 날

입안의 혀와 내 안의 혀를 살펴본다
향기 나는 말과 독이 깃든 말을 동시에 품고 있다
그러나 나는 혀의 주인
어떤 주인이 되어야 하는가를
나의 깊은 마음에게 먼저 물어보아야 하리!

풀씨

돌단풍, 나르시즘에 빠졌는지
물속의 제 모습에 취해 깨어날 줄 모른다
조그만 뗏목 위에 안착한 풀씨
여정도 묻지 않고 물길만 따르고 있다
빠르면 빠른 대로
느리면 느린 대로
흘러가는 모양새에 평화가 고여든다
갈대 끝에 앉아 시소를 타던 초록 꼬리 잠자리는
본체만체 시소만 탄다
무심으로 흐르던 강물 위에
구름을 놓친 빗방울 몇 떨어지자
동그랗고 환한 미소로 화답하는 강물
마음이 무심하니
소소한 것들이 모두 눈 안에 들어온다
헛것처럼 가벼워진 가슴에
저 풀씨 한 알갱이 묻으며
한 알의 풀씨 같은 생을 보듬어본다

늙은 호박

잘 익은 호박 한 덩이
허름한 슬레이트 지붕 위에서 가을을 맞는다
펑퍼짐한 엉덩이를 깔고 앉아
푸른 하늘을 벌컥벌컥 들이마시고 있다
어떤 호탕한 웃음소리가 창공을 흔들며
지나가는 발걸음들을 불러 세운다
늙은 호박에 모이는 시선들
먼 세상이 보이는 듯 고개를 주억거린다
꽃 시절에 견뎌내던 폭우와
천둥번개의 협박을 참아내며
허공을 더듬어 오르던 어제의 인고가 없었다면
어찌 저 호탕한 웃음소리 들을 수 있겠는가
빗소리 바람소리 자장가 삼아
가부좌 틀고 앉아 묵묵히 익힌 시간들
하늘과 독대하며 해탈의 길로 들어서고 있다
가난한 슬레이트 지붕 위의 늙은 호박
누런 복주머니를 열면
금빛 주화가 주르르 쏟아질 게다

수원 지하역에서

어둠이 드러누운 수원역 지하도
비둘기 한 쌍이 인파를 헤치고 먹이를 찾고 있다
길을 잘못 짚은 것일까
뇌물 수수로 정국이 어수선하고
네팔 카트만두 대지진으로 수천 명이 사망했다는데
사월의 꽃들은 정신없이 피어나는데
들리는 소식들은 어둡기만 하고
황사바람조차 만만찮다
다정한 비둘기 한 쌍 잘못 날아든 것이 아니라
어쩌면 혼탁한 현실을 피해왔는지도 모를 일
전동차가 도착하고 우르르 쏟아지는 사람들
어디론가 총총히 사라지고
서 있던 사람들은 초조함을 감추지 못해
애꿎은 핸드폰만 들여다보고 있다
흔들흔들 수원역이 흔들리고 사람들이 흔들리고
지구가 흔들리는 것 같다
저 비둘기 훨훨 날아가
밝은 소식 한 장 물고 오면

흔들리던 것들의 중심이 바로서려나
애꿎은 中心이 충전되려나
지하는 여전히 깊고 어수선하기만 한데

흘러가는 것들

한낮의 도깨비 같던 소낙비가 지나가고
분주한 아이들도 돌아간 밤
풋감 떨어지는 소리가 어둠을 흔든다
분가 아닌 분가로 생긴 빈방
주인 없는 책들이 주인처럼 버티고 있다
서랍 속의 앨범 하나를 펼치자
생일파티 축가가 흘러나오고
아이들의 웃음소리 뛰쳐나온다
장미보다 붉은 얼굴은 나를 바라보고 있다
잃어버린 나를 내가 발견한다
나비처럼 날다 꽃잎처럼 퇴색한 젊은 날이
물길처럼 흐르고 있었던 것
흐르지 않는 것은 없는 것인가
꿈을 찾아 날아가는 아이들
그 여름, 수목원의 푸른 향기 마시며
청설모를 좇던 순간들도 흘러가고 있다
청춘열차의 궤도를 따라 점점 멀어지고 있는 것이다
점점 무거워지는 밤

툭, 사념을 깨는 풋감의 낙과 소리 다시 들리고
밤하늘의 별들은 여전히 정답기만 하다

벽시계

고흐의 별들이 살아있는 벽시계 하나를 샀다
별들은 여전히 은하계를 이루고 있다
밤하늘을 바라보며 헤아리던
내 유년의 별들도 그 속에 있다
천문대 망원경 속에서 보이던,
수십 광년이 지나도 변치 않는 별 하나
파르르 떨며 내 가슴에 내려앉는다
빛난다는 것은
어쩌면 저 흔들리는 파장의 연속인지도 몰라
아득한 시간을 건너온 저 하나의 별
내 삶의 방향키였는지도 몰라
험한 세상, 나침반으로 빛나고 있다
단단한 벽 속에서 별을 불러내는
고흐의 벽시계는 오늘밤도 별을 헤고 있다
가물거리는 유년의 기억을 더듬으며
어느 쯤에서 다시 빛을 내고 있을
나의 별을 좇아 잠 속으로 들어간다
캄캄한 세상에 빛나는 별이 되어보는 밤

호접란

꽃 시절은 저리도 짧다
차례대로 피우고 차례대로 보내주다
볼품없이 남은 꽃대는 저 혼자 외롭다
수직의 등뼈가 구부정해질 때까지
점점이 찍혔을 무수한 통점들을 아우르며
소멸의 시간을 기다리고 있다
화분 속의 탯줄은 아직 살아있는지
간간히 가느다란 물소리가 들린다
봄날의 연둣빛 반란을 준비라도 하는가
뜨거운 날들이란 속절없이 짧은 것이라서
꽃으로 살던 나의 날들도
희미한 기억을 들쓰고 있다
내 부모님의 색깔은 나에게 보랏빛으로 남아
떨어진 꽃잎들을 유리병에 넣어두곤 했는데
손끝이 닿을 때마다 바스락거리는 병 속의 갈증들이
간절함을 대신하고 있다
묵은 생각 하나 켜들고 병 속을 헤집어본다

가끔은 그대로

마음의 무게가 천근을 초과하는지
더 두껍고 단단하게 나를 옭아매고 있다
따사로운 햇살 한 가닥
부드러운 음성 한 줌
무엇 하나 파고들 틈이 없다
벼랑을 움켜쥐고도 꼭대기를 향해 오르던 길
아슬아슬한 고비들을 잘도 넘기던
봄꽃 같은 희망들은 다 어디로 갔는가
하얗게 질린 꽃잎들이 우울을 던져주던 날
뜨거운 한숨이 천장을 흔들 때가 있다
마음의 허공으로 날아드는 무수한 언어들의 유희
쉽사리 사라지지 않는다
가벼움도 지나치면 더 무거워지는 것인가
잘라내고 비워냈지만
스멀스멀 기어오르는 삿된 생각의 잔뿌리들
뒤늦은 수습에 묘약도 없다
곪아터진 시간일랑 그대로 두기로 하자
봉오리 맺었다고 다 꽃이 되는 것은 아니더라

익숙한 내가 낯선 나를 거부할 때
가끔은 그냥 그대로 내버려두자
그냥 그렇게

8월의 사내

퉁퉁 불었던 농수로가 할 일을 마치고
바닥을 드러내며 한가롭게 쉬고 있다
파란 하늘이 그 속을 훤히 꿰뚫어보고 있다
밭둑을 살찌우던 옥수수도 따고
빨간 고추도 한 소쿠리 따서
걸머메고 나오는 사내의 두 어깨도
고추처럼 빨갛게 익어 있다
사내는 밭고랑을 오가며 사는 법을 익혔으리라
한때는 도시의 그늘을 배회하며
젊음을 탕진하던 때도 있었지
한때는 야광의 불빛 속에서 한 마리 나방처럼
불 속을 뛰어들던 순간도 있었지
위기란 늘 희망을 건져주기도 하는 법
어두운 터널을 벗어나고 고추밭을 일구면서야
사내는 매운맛의 진가를 톡톡히 깨닫곤 했다
검게 그을린 얼굴
붉은 입술을 열고 빠져나오는 담배연기 사이로
지난날들이 영상처럼 피어나는지

허공에 어설픈 웃음을 날려보기도 한다
이제는 고추밭을 돌보듯 가족을 돌보는 사내
소쿠리를 둘러맨 근육질의 몸매에
석양빛이 살갑게 내려앉고 있다

자전거

햇살이 은빛 바퀴를 굴리며 간다
이제 막, 청춘의 푸른 길로 들어서는
딸아이의 두 발이 페달 위에서 함께 굴러간다
태양을 끌고 간다
태양을 끌고 가는 딸을 시샘하는지
새들은 입방아를 찧기 시작하고
바람은 긴 생머리에서 풍기는 사과꽃 향기에
코를 벌름거리며 부지런히 따라간다
넝쿨장미와 아카시아를 따돌리며
길을 줄여가는 딸아이의 풋풋한 행진이다
아직은 걸림돌 하나 보이지 않지만
세상의 길에는 늘 함정이 있다는 것을,
청춘의 이름만으로는 건너지 못하는 강도 있다는 것을,
알지 못하는 딸은 그저 달리기만 한다
무지갯빛 수를 놓으며
두 개의 바퀴와 호흡을 맞추고
긴장과 위태로움이 존재하는 세상 속으로
푸른 청춘 하나 용감하게 들어서고 있다

물꽃 그리고 불꽃

는개 내리는 밤
봄의 창을 열고 연둣빛 꿈으로 가는 나무
나뭇가지를 맴도는
수천수만의 물방울들을 바라보며 걸음을 멈춘다
바람 한 줄기에 뚝, 떨어져버릴 것 같은
불안한 생각들을 붙들고
소리 없이 가슴을 적셔주는 저 아름다운 물꽃

한때는 이슬처럼 빛나던 시절
풀잎 위에서 춤추던 시간들이 느껴진다
어둠은 자꾸 깊어지고
가로등은 하나 둘 점등을 시작하는데
희미한 공간의 벤치에 앉아
쓸쓸함을 털어내며
푸른 잎 꿈틀거리는 나무의 심장 소리 듣는다
나뭇가지를 맴도는 수천수만의 물방울들
부서지듯 타오르는
저것은 물꽃이 아닌 뜨거운 불꽃이 분명하다

그 생각이 나를 지배하기 시작했을 때

창가에서 바라보는 감나무 한 그루
아침 새소리에
나뭇잎들이 팔랑팔랑 대꾸를 하고 있다
살짝 흔들리기도 하는 가지는
새소리를 덧입은 나무의 울음일지도 모른다는
그 생각이 나를 지배하기 시작했을 때
떨고 있는 가지의 미세한 느낌을
감지한 것은 내 어깨의 통증 때문일 것이다
아무 데도 갈 수 없는 나무의 생
바람과 비와 폭설을 견디고
뇌성벽력에 한쪽 팔을 바치기도 하면서 지켜온
나무의 생은 고집 때문만은 아닐 것이다
가지가 내려앉을 만큼 선심을 베풀던 감나무
해거리를 하는지 풋감 몇 개뿐이다
구부러진 나무의 어깨를 보며
내 아픈 어깨를 가만히 쓰다듬는다
나를 지켜내고 감당하느라
무거운 짐 마다하지 않던 나의 두 어깨를,

제2부

일출

마음이 먼저 새해의 창문을 연다
밀물처럼 넘실넘실 다가오는 아침을
갈매기가 이끌어주고 있다
눈길 닿는 곳
하늘을 불태우며 솟구치는 햇덩이를 바라보며
한 해의 소망 담은 편지를 날린다
내일에 무게를 싣지 않고
새의 날개보다 가벼운 마음으로
행복의 밑그림을 그린다
붉은 바다 위
저 찬란한 빛의 길은
걸어서 태양까지 금방 닿을 수 있는 거리
어제와 오늘의 거리가 저만큼일까
너와 나의 거리가 저만큼일까
빛과 그림자가 공존하는
서로의 가슴을 맞대고
오늘이 마지막인 양 불태운 날들이 있었다

꽃의 진통

처음으로 화단에 옮겨 심은 꽃 한 송이
날마다 이름을 불러주었다

따스한 바람의 꼬리를 붙들고
천천히 대궁을 밀어올리고 있는 모습을 보며
나도 마음의 힘을 보탠다

얇은 보자기를 뚫고 햇살이 통과하듯이
흘러내린 꽃물이 내 가슴을 물들이고 있다
출산의 고통을 애써 감추려는 듯
바람 속에 꽃을 내밀고 있다
세상에 고통 없이 태어나는 생명은 없다

눈부신 기다림의 시간이 열리고
노란 꽃잎을 받쳐 든 대궁 속을 보니
웃고 있는 모습이 우는 모습으로 보인다
나는 나의 산통을 기억해내곤
꽃들의 아름다운 진통을 느껴보는 것이다

수선화야
내가 너의 이름을 부를 때마다 조금씩
내 마음을 끌어당기고 있었구나
우리는 서로에게 꽃, 그 이상의 의미를 나누고 있었구나

분수

물기둥이 피워내는 물꽃들
꽃이 되는 순간 자멸의 나락으로 떨어지고
다시 꽃이 되기 위해 물기둥을 타고 오른다
하강의 속도에
산산이 부서지면서도 허공을 밝혀주고 있다
무심한 시간을
오후의 호반 속에 빠트리고 있던 나는,
물의 절정과 추락을 보며
꽃이 피고 지는 순간의 괴리를 본다
햇살은 무지개다리를 놓았다 허물고
노란 비옷을 입은 아이들이 까르르 웃음을 적시며
콩콩 뛰는 호반에서
나의 꽃 시절
내가 피우다 만 꽃의 행방을 떠듬적거려본다
물기둥은 쉬지 않고 허공을 찔러대는데,
아스라이 사그라지는 작은 물방울들을 보며
나는 지금도 꽃이 되고 싶은 것이다

낙화

꽃비가 내리고 있다
아름다운 소멸의 길이다
아니,
어쩌면 환생의 길을 더듬는 일인지도 몰라
한 치의 망설임도 없이 다투어 떨어지는 꽃비
빙그르르 허공의 춤사위를 펼치다
사람들의 눈빛을 머금고
차창 위로 대지 위로 가볍게 착지하고 있다
저 얇은 꽃잎들 손에 손을 맞잡고
온 거리를 밝히고
넘어진 마음들을 일으켜 세운다
초록바람을 불러들이고 있다

돌아보면 눈부시게 아름답던 봄날의 순간에
나를 밝혀주던 꽃등이 있었음을 안다
나를 깨우는 건
끊어질 듯 이어지는 바람 속에 머물다 가는
작은 눈빛들이었음을 안다

일상 탈출

겨울 어스름이 내리던 그날
차가운 대합실에서 너를 기다리는 동안
추억 몇 개를 들추며 나는 바보처럼 혼자 웃었다
쏟아져 나오는 사람들 틈바구니에서
손 흔들던 너를 만난 기쁨이 의문으로 바뀌는 순간
가출과 외출의 혼란에 잠시 휩싸였다
너 자신에게 스스로 내린 휴가의 외출을 눈치채며
나는 안도의 긴 한숨을 숨겼다
너의 일상 탈출을 알아내고서야
네가 몰고 온 바다의 파도 소리가 들리고
네 어설픈 미소 뒤에 숨은 서리꽃도 보였다

글쓰기를 좋아하고
팝콘처럼 팡팡 터지는 웃음을 무한 제공하던 너
결국 돌아갈 수밖에 없는 엄마의 길을 찾아가고
막차에 몸을 싣던 너의 눈물이 아파
텅 빈 대합실에 나는 오래 서 있어야 했다
지금 창밖엔 눈 내리고 밤은 점점 가까이 다가오는데

그 겨울날, 너의 슬픈 눈빛이 나를 뒤척이게 한다
나에게도 휴가를 주어보고 싶다
나도 나에게서 탈출할 기회를 주어보고 싶다

정적

할미꽃 한 무더기
오순도순 모여앉아 봄볕을 쬐고 있다
할미꽃의 솜털을 어루만지며 순해지는 바람
보일락 말락 황금빛 수술
붉은 핏방울 왈칵 쏟아낼 듯
내부를 열어 보이는 절정의 순간을 감지한 나는,
하마터면 눈물 한 방울로
그 고요한 정적을 깨트릴 뻔했다

사랑이거나
미움이거나
저 어디쯤에 숨어 있는 바람이거나
깊이 들이쉬는 들숨과 날숨 같아서
그 틈새에서 반짝이는 한 방울의 눈물인지도 모를 일
비 갠 뒤의 꽃샘바람 속에서도
시선을 끌어당기며
피어나던 꽃 한 송이쯤은 되어야겠다는 생각이
정적의 순간을 밀치고 확 들어서는 것이다

저수지

산을 끌어들여 한나절을 놀더니
오히려 산에게 먹혀버린다
숲도 사라지고
새들도 사라지고
잔물결이 마지막 빛을 거머쥘 무렵
바람의 옷깃을 잡고 흐느끼는
나무들의 울음소리를 듣는다
뻐꾸기도 화답처럼 울어준다
은빛 물결을 깁는 수면을 본다
하염없이 시간을 쌓고 있을 즈음
아카시아나무는 하얀 눈물방울과도 같은
꽃들을 뚝뚝 떨어뜨린다
나를 흔드는 눈물의 꽃
흐르지 않는 시간을 뒤척이며
그렁그렁 맺히는 내 오월의 눈물이 밉다
슬금슬금 기어드는 달빛에게 들킬까봐
서둘러 저수지를 물러난다

숲속의 아침

조용한 세상이다
촉촉이 젖어 있는 천 개의 푸른 눈동자
아침 이슬 굴리며 풀잎 같은 사랑을
또르르 굴리고 있다
이름 모를 풀꽃과 밀어를 나누는 듯
점박이 한 마리 꽃잎을 붙들고
대궁 깊이 주둥이를 박고 있다
키 큰 나무는 하늘과 키 재기라도 하듯
이파리를 살랑대며 층층이 하늘계단을 올라가고 있다
산새들의 경쾌한 수다가 아침을 열고
늦잠을 모르는 다람쥐 한 마리
옹달샘으로 달려간다
스치는 바람도 좋고
여유로운 이 시간도 그냥 좋다
시간은 잠시 멈춰서고
내 안에 기쁨의 마음꽃 한 송이 피어난다
나뭇잎을 젖히고 들어서는 햇살도 좋아라

내 삶이 팍팍해질 때마다
살짝 들추어보는 그 숲속의 아침
가슴 깊은 곳에 가만히 묻어두고 오늘을 산다

꽃을 보러 일부러 가지 않았다

남녘 매화가 피었다는 소식에
어제는 개나리가 노란 미소를 보였고
오늘은 산수유가 무더기로 피었다는 소식이건만
나는 아직 봄꽃을 보지 못했다
나와 첫 대면을 할 꽃은 어떤 꽃일까
공연히 설레는 마음을 감출 수가 없네
겨울을 넘어서 돌아온 봄
한 송이 꽃을 피우기 위해
한 줄의 시를 꺼내기 위해
차갑고 긴 밤을 몸살로 지새우는 나와
무엇이 같고 무엇이 다를까
봄을 맞이하는 일
여기저기 꽃소식이 들려오지만
나는 꽃을 보러 일부러 나서지는 않았다
마음에 꽃 한 송이 피어나면
우연히 눈에 들어오는 어느 봄꽃과의 만남
통증 같은 그 전율에 나를 맡긴다

꽃눈 내리는 날

꽃잎들이 눈처럼 내리는 풍경을
의자에 앉아 물끄러미 바라보노라니
꽃잎 하나에 사랑이
꽃잎 둘에 추억이
저마다의 사연들로 팔랑거린다
흰 나비 떼 되어 너울너울 봄을 건넌다
그중 하나가 내 옷깃에 기대는 순간
많은 생각들이 들고 일어났다 사라진다
한 숭어리에서
제각각 떨어지며 헤어지는 것들
위로와 사랑 눈물인 것 같아서 안아주고 싶다
조각난 하늘엔 흰 구름이 무심으로 흐르고
봄을 튀겨내던 절정의 꽃들 사이로
분주한 벌들을 보며
나에게 묻는다
—너는 무엇을 담고 비우며 어떤 향기를 나누는가
매순간을 열정으로 살아내었음에 감사한다
내 마음의 뜨락에도 꽃눈이 내리고 있다

낡은 의자

느티나무 그늘을 앉히고
낡은 의자가 마주보고 있다
꺾인 관절 아래로 곰팡이가 꽃을 피우고
거미가 세를 들어 한 뼘의 집을 수리하는 곳
거미는 곧 사냥을 하고 알을 낳을 것이다

커다란 느티나무 한 그루
한 뿌리에서 갈라져 나왔으나
나란히 하늘을 보며 같은 길을 걷고 있다
푸른 잎새 살랑거림 사이로
찾아든 햇살에 푸른 희망의 반짝거리고 있다
풍성한 그늘엔
아이들의 웃음이 머물다 가고
경운기의 엔진 소리가 잠시 열을 식히던 곳
생선장수 과일장수 아저씨의 생목소리와
부르튼 발들의 피곤이 쉬어가곤 했다
고개를 넘던 늙은 노부부의 지팡이도
느티나무를 그냥 지나치는 법은 없었다

오래되어 낡아가는 일
어쩌면 시선 밖으로 밀려나는 일일 테지만
세월의 더께 속에 다져진 은밀한 약속처럼
많은 것을 품어주는 일이다

낡은 의자가 거미집을 품듯이,
느티나무가 낡은 의자를 품듯이,

깨진 화분

버려지고 깨진 화분 속의 화분
바짝 마른 잎새에 돋아 있는 가시들
험한 환경을 이겨낸 듯
마지막 가시 하나만을 움켜쥐고 있다
간밤의 비바람과 푸른 이끼를 들이쉬더니
초록의 숨결이 새록새록 느껴진다
줄기 창창 뻗어내는 저 무한의 힘
마른 가슴으로 더 깊은 숨을 들이쉬며
도톰한 잎새마다 뜨거운 열정이 올라 붙는다
햇살을 가두고 바람을 막아주던 깨진 화분 속
흔들림 없이 붉은 꽃을 피워내고 있다
무연히 바라보는 꽃
관심 있는 사람들의 눈길이 느껴진다
말없는 기다림으로 꽃의 부화를 기다리던 사람들
그 사람들의 얼굴이 메마른 선인장의 환한 꽃처럼
언뜻언뜻 비치곤 한다

모종

벚꽃이면 어떻고

제비꽃이면 어떠리

창밖을 기웃거리는 저 꽃들

모두 다

내 빈 가슴에 옮겨 심고 싶다

산수유 필 무렵

구례 산동마을 지날 때
창문 열고 들어오는 향기를
서로의 향수라고 우기다 웃고 말았다
돌담길 모퉁이마다 산수유는 피어
팔순의 어머니처럼 노란 웃음을 흘리고 있다

뒷산 부엉이 소리조차 얼어붙던 밤
나뭇잎 넣은 창호지문을 기웃거리던 달빛도
문풍지에 제 울음을 감추던 바람도
섬진강을 거슬러 되돌아온다
잊히지 않는 기억이 빛의 속도로 달려오자
입안 가득 고인 시큼함이
기어이 눈물을 뽑아내고 만다
사기를 당한 아버지
쉴 틈 없이 돌아가던 기계 소리 멈춰놓고
서울로 올라가신다
올망졸망 어린 눈빛들을 끌어안던
엄마의 시린 가슴이 산수유 열매보다 더 붉게

타들어갔음을 이제야 안다
슬픈 추억도 쌓이면 그리움이 되는가
그리움의 꽃들
차창 밖에서 주마등처럼 밀려나고 있다

대한(大寒)

눈은 내려서
나무들과 갈대 텃밭의 꺾어진 파 대궁에도
골고루 하얀 꽃을 안겨놓았다
가로수 가녀린 가지까지 골고루 꽃을 안겨주었다
개골창은 크고 굵은 백사(白蛇)가 되어
마을 쪽으로 빠져나가고 있다
찬바람을 타고 날던 새 한 마리
꽁지로 포물선을 그으며 안개 속으로 모습을 감춘다
눈발의 시간 속에 아이들의 웃음소리 들려온다
떼 지어 달려드는 눈발들
온 세상 모두에게 평등한 꽃다발을 안겨주고
다시 떠나가는 눈. 눈. 눈.
대한(大寒)의 등을 밟고 가는 길에
하얀 꽃송이들이 축복처럼 터지고 있다

제3부

꽃등

숭숭 뚫린 돌화분 위에서
풍란이 앙증맞은 입술을 열고 있다

하얀 꽃 연분홍 줄무늬
오랜 망설임 끝에 세상을 찾은 듯
연달아 작은 꽃등을 건다

하롱하롱 켜 든 하롱꽃 속에
콩닥거리는 가슴
첫 아이를 기다리던 마음처럼

새벽녘
물 마시러 나왔다가
꽃등 앞에
쪼그리고 앉아

목마름도 잊었다

동백꽃

새벽도 오기 전에 엄마는 산죽 베러 산으로 올라가고
늦게 도착한 햇살은 동백꽃부터 찾았다
사금파리 살림으로 소꿉 살던 시절
밤새 떨어진 동백꽃으로 물김치를 담그고
흙으로 빚은 밥상에 봉분 같은 사발밥 얹어놓고
종일토록 배고픈 엄마를 기다리면
동박새가 내려와 지루함을 덜어주곤 했다

지천명의 세월을 먹고서야
겨울눈 속에 벙그는 동백꽃의 고결한 사랑이 보인다
여명을 걷고 나가 달을 이고 돌아오던 엄마에게도
동백보다 붉고 고결한 청춘이 있다는 것을
나는 너무 늦게 알았다
어쩌면 애써 외면해왔는지도 모른다
된서리 밟히는 소리가 들린다
고개를 저어 봐도 끝끝내 가슴에 꽂히는 부메랑
선혈 낭자한 동백꽃으로 핀다
툭툭 터지는 동백꽃 속에

핏빛 같은 엄마의 청춘과 나의 유년이
불꽃으로 타오르고 있다

꿈보다 해몽

뒤척이는 잠 때문에
몇 번이나 뜬눈을 다시 감는다
조금 전 꾸었던 꿈을 연결하며
눈꺼풀을 치켜 올리는 찰나의 순간
다시 잠 안에서
약수 철철 넘치는 큰 내가 나타나고
약수를 떠 가려는 사람들이 인산인해를 이룬다
너럭바위에 부딪치는 냇물 소리 요란하다
아이들의 웃음소리가 뒤따른다
꽃길을 걸으며 꽃이 되는 아이들
지금은 학교에 있어야 할 아이들
누구의 웃음소리인지 분간하기 어려운 시간
길몽 같은 악몽, 악몽 같은 길몽의 간극에서
웃음소리를 보탠다

다시 돌아온 아침
어둠을 걷어내고 있는 새들을 만난다
햇살 같은 메시지를 보내주고 있다

모 심은 들판에 총총히 걸어가는 푸른 발자국
새로 놓이는 철로 위를 빛의 속도로 달린다
신호등 하나 걸리지 않는 길
간밤의 꿈은 역시 길몽이었다

목련 꽃그늘 아래

아이들이 그림을 그리고 있다
까르르 숨넘어가는 웃음소리에
목련꽃 화들짝 놀란 듯이 다투어 내려온다
금방이라도 날아오를 것 같은 꽃잎들
화려한 순간의 시간을 보내고
누런 퇴색의 길로 접어들고 있다
땅 위에 내려온 나무의 영혼들
차마 밟을 수 없어
발끝으로 밀어내며 걸음을 옮긴다
뭉글뭉글 목련꽃을 닮은 구름 속의 길
그 길을 걸어가던 시간이 있었다
그리운 사람도 가고
꽃잎 같던 사랑도 가고
하얀 추억만이 가슴에서 피었다 사라진다
서성이는 발자국 위로 쌓이는 꽃잎들이
머문 흔적을 지우고 또 지운다
그러나 꽃잎 같던 사랑의 흔적만은 지우지 못해
서둘러 꽃그늘을 벗어난다

민들레

아직은 이른 듯 차가운 바람 속에
날카로운 손톱이 느껴진다
덤불 속에 노랗게 웃고 있는 민들레 한 송이
시선을 맞춰준다
순간 마음의 골방에 환한 불이 켜진다
봄이 먼저 와 있었던 것
양지바른 담벼락 아래에서
갈라진 콘크리트 틈새에서
키도 작은 것들이 벌써 홀씨를 날린다
아랫배에 힘을 모아 후~ 불어준다
가볍게 천천히 허공을 날아오르는 것들
다시는 돌아오지 않을 것들
간당간당한 삶 속에서
쓰러지지 않고 버틸 수 있었던 것은
나에게도 민들레의 유전자가 있었음을
봄을 맞이하며 알았다

가족

식구들을 깨우는 새들의 알람 소리
단 하루도 방전되는 일 없이 아침을 열어준다
문지방들이 바빠지고
두레밥상 앞에 둘러앉는 작은 공동체
마지막 남은 하나의 맛있는 반찬 앞에서는
동시에 젓가락이 주춤거리기도 하는
이심전심이 공존한다
내가 살고 내 아이들이 사는 우리 집

서로를 받아들일 마음 한 칸은 늘 비워놓고
힘들 때마다 다독이는 손길 속에서도
가끔은 사랑의 목소리가 깨어지기도 하지만
어느 순간 까맣게 잊어버리기도 하는
단순한 뇌를 즐겁게 공유하고 있다
단 하나, 사랑만은 애틋하여
날마다 둥실둥실 둥근 해를 부풀려가는 식구들
저녁 어스름과 함께
하나 둘 모여드는 발걸음 소리에

환한 얼굴들의 기다림이 있는 곳
현관에는 아직도 평수를 넓혀가는
작은 신발 한 켤레가
미래를 향해 달려갈 준비를 하고 있다

매의 발톱을 닮은 꽃

양지바른 담벼락
초록 잎사귀들 사이로 보랏빛 꽃이 피고 있다
가만히 들여다보면 다소곳한 새색시를 닮아 있다
꽃을 보호하듯 빙 둘러앉은 이파리들은
모두 매의 발톱을 닮았다
담벼락 틈새를 뚫고
세를 불리며 결국 꽃을 피우고 만다
창공을 가르는 송골매의 기질이 저러하였나

아들의 졸업작품전이 있던 날
도기 화분 위 작은 동산의 그 보랏빛 꽃을 보며
내일의 꿈을 수놓던 풋풋한 청춘에게 마음의 기도를 올렸다
만만찮은 세상
파랗게 질린 꽃잎 같은 날이 밀려올지라도
창공의 송골매처럼 날아오르기를 소원했다
매의 발톱 사이에서 피어나는
아름다운 꽃이 되기를 빌었다

별처럼 달처럼

어둠이 자욱한 거리
화려한 네온사인이 물속까지 밝혀주고 있다
아치형 엑스포 다리 불빛 사이로
내 아이들이 자전거를 타고 무동을 타고 다리를 건넌다
달빛걷기대회를 완주한 아이들
어떠한 어려움도 헤쳐 나갈 수 있다는
인터뷰 멘트를 화면 가득 풀어놓는다
하늘에서는 유난히 빛나거나 희미한 별들이 어우러져
별밭을 일구고 있다
수많은 별들이 모두 제 몫의 빛을 발하듯이
나는 믿는다
저들의 우애가 서로의 빛이 되고 길이 되어
인생의 긴 다리를 무사히 건널 수 있을 거라고,
보름달처럼 환한 웃음을 주고받으며
밤하늘을 바라보는 저 눈동자를 믿어보는 것이다
아이들과 함께하는 밤의 어귀에서

다림질

새벽바람이
나무를 깨우고 나를 깨운다
새벽빛은 마음을 정갈하게 해준다
날마다 맞이하는
가장 맑고 평화로운 이 시간
어김없이 다리미를 꽂고
아이가 입고 나갈 옷에 다림질을 시작한다
어제의 걱정을 펴주고 불안한 일상을
반듯반듯하게 다려준다
세상 속으로 내딛는 걸음마다
늘 첫발처럼 걸어가길 기도하며 옷을 다린다
이제 막 눈뜨는
청초한 한 송이 꽃을 우러르며
가장 간절한 마음으로
가장 뜨거운 마음으로
손끝에 온힘을 모아 꾹꾹 눌러 다린다
팽팽한 하루를 당겨 다린다
내일을 다리고 희망을 다린다

그러한 사이

새벽은 또 밝아지고

길에게 길을 묻지 마라

내가 선택한 길은 아니지만
가야만 하는 나의 길을 나는 가고 있다
비틀거리며 다가오는 시간 앞에
가지 않으면 볼 수 없던 길
가도 가도 끝이 없던 오르막길에서
턱턱 차오르던 숨 막힘에 주저앉고 싶을 때
바람 한 자락에 실려 온 맑은 목소리
그것은 내가 또 길을 걷게 하던 힘이었다

갈림길에서 오랫동안 장승처럼 서서 고뇌할 때
등 떠밀며 가라 하던 내 안의 것들
늘 우선에 둔 길을 향해 걷다 보니
조금씩 보이기 시작하던 길
숲길에서 햇살이 나뭇잎과 파란 하늘을 가르듯
언제부터였을까, 어둠을 뚫고 들어온 빛 한 줄기
길을 물들이다, 내 발등을 밝히고 있다

길에게 길을 묻지 마라

어제는 돌아보지 않고

가야만 하는 나의 길을 나는 가고 있다

차꽃

죽녹원 대숲 그늘 아래
돌 틈을 비집고 자란 차나무가 꽃을 피우고 있다
하얀 꽃잎 다섯 장은 노란 꽃술을 보듬고
수줍은 듯 고개 숙인 소박한 꽃
눈 맞추고 이름을 불러주자
노오란 웃음으로 화답을 보내온다

녹차 밭에 흙집 한 칸 마련하시고
고향을 베고 누운 내 아버지
지금쯤 그곳에도 차꽃은 하얗게 피고
맑은 시냇물 길어 찻물을 끓이며
친구들과 차 한 잔 나누는 담소 속에
십리길 벚나무들도 붉게 물들고 있겠다

차를 달인다
고요한 찻잔 속에 다시 피어나는 연초록 잎사귀
낮에 따온 꽃잎 하나 슬쩍 띄운다
달빛 없는 창가에 서서

아버지와의 오랜 해후를 더듬는다
하얀 그리움을 마신다
한 모금 또 한 모금

느티나무

내소사 절 마당
오래된 느티나무 마주하며 두 손을 모은다
천년 숨소리를 듣는다
하늘과 땅의 소리를 듣는다
몇 장의 낙엽으로 간신히 몸을 가린 거목
뭉텅뭉텅 잘려나간 가지엔
애절한 톱질 소리 그대로 남아 있고
마른 가지에 걸터앉은 햇살들은
천년의 세월을 헤아리기에 바쁘다
시간의 숲을 거슬러 올라온 바람이런가
다 털어버린 무욕의 계절이 깊어가는 늦가을
구름이 흐르고 바람이 흐르니
가둘 수 없는 마음 하나가 절로 흘러간다
어디론가 흘러가는데,
여기저기 섬광처럼 번쩍이는 셔터 소리에
화들짝 깨어나는 현실
나는 다시 나의 세계로 돌아온다

무엇으로 서야 하는가

바람과 햇살을 머금고
가시를 앞세우며 월담하는 장미의 불길
오월을 태우고 또 태운다
벽이 흔들리고 골목길이 뜨겁다
덩달아 뜨거워지는 내 마음의 불길도 뜨겁다
꽃이 피어 슬픔이 깊어지는지
슬픔이 깊어 꽃으로 피어나는지
내 생의 한복판에 피는 꽃들도
저처럼 붉고 뜨거웠으면 좋겠다
불꽃으로 태우던 열정의 시간도 가버리면
다시 무엇으로 서야 하는가
꽃의 시간이 언제나 흔들렸듯이
불확실한 내일도 흔들리는 것
흔들리며 피워낸 꽃들이
한달음에 달려와 환하게 웃고 있다
잠시 흔들렸던 중심이 제자리를 잡는다

균형

요란한 새소리에 놀란 가슴이 창을 연다
옥상에서 내려온 광인터넷 선을 타고
새 한 마리 아슬아슬 줄타기를 하고 있다
뒤쫓아 온 새 한 마리 한 걸음 다가서면
또 한 걸음씩 물러나다 날아가 버린다
잠시 세상이 기우뚱거렸을 뿐
울지도 날지도 않고 부동의 자세로
하늘과 땅을 지탱하고 있다
사람과 사람 사이 간격이 필요하듯
저들에게도 그런 게 아닐까
그 사연 다 헤아릴 수 없지만
분명한 한 가지 내가 다 지켜보고 있다는 유일한 사실이다
지금 순간과 지난 시간이 겹쳐진다
절망의 끝자락에서 희망의 끈을 잡고 일어서듯
이별과 만남 기쁨과 슬픔처럼
수많은 반대어들이 밀고 당겨 균형을 맞추며
세상을 지탱하고 있을지도 모른다

다시 새들의 합창 소리가 들려온다
상처받은 붉은 울음 하나 불협화음 조율하며
희망의 전주곡이 아침 햇살 속으로 울려 퍼진다

입춘

노랑 신비디움이 활짝 핀 화분을 선물 받았다
가녀린 몸매로 꽃대를 휘어잡고
파르르 떠는 모양새가 발레리나를 닮아 있다
무더기로 날아오르는 군무
왠지 좋은 일이 있을 것 같은 생각이
코끝을 간질인다
봄은 멀리서 오는 줄 알았더니
늘 그 자리에 숨어서 나를 기다리고 있었던 것

바람 좋은 어느 날
허공을 나는 발레리나의 춤사위에 실려 왔는지
내 손바닥에 사뿐히 내려앉은 단풍나무 씨앗 하나
이리저리 궁굴리다 땅에 묻어준다
미래의 숲 한 채를 꼭꼭 다져주고 눌러주고
붉은 열정을 토하는 거목이 될
나무 한 그루를 상상하며 마음이 붉어진다

바람이 날카로운 손아귀를 벗어난 따스한 기운

줄줄이 솟아오를 새싹들의 몸짓이 느껴지고
내 마음의 골짜기에 아지랑이가 피어나는 일 또한
봄이 들어서고 있음이라

월담

월담한 능소화 헤픈 웃음들이
담장을 넘고 있다
뻣뻣한 나무를 쓰다듬기라도 하듯
전신을 칭칭 감아올리며
하늘 쪽으로 농염한 웃음을 날린다
나무는 저를 내어준 것인지
점령당한 것인지도 구분하지 못한다
능소화 웃음이 그득한 골목
골목은 한동안 발칙한 것들의 차지다
절정의 시간은 가고
어느 순간 툭툭 고개 숙이는 것들
미소마저 시들고 있다
넝쿨장미가 그랬고 담쟁이가 그랬듯이
겨울을 넘기고 도착한 붉은 전언
다 들어보지도 못한 채
또 한 해를 기다려야 한다

제4부

다시 반추하는 동안

마로니에 아래를 지나가는데
바람의 발자국들이 보인다
낙엽들이 사선으로 줄지어 총총히 허공을 밟고 있다
하늘과 땅이 빗금으로 갈라지는 경계에서
눈길을 끌어당기는 구릿빛 열매 하나를 본다
나무와의 결별이 다가왔음을 알고
제 스스로 낮은 곳으로 내려앉은 저것
미래를 아는 몸짓이기도 하겠다
저 열매 속에는 한 그루의 나무가 들어 있음이니,
나무의 생과 사람의 생이
별반 다르지 않음을 다시 반추하는 동안
사선의 몸짓으로 낙엽을 몰고 갔던
바람이 다시 돌아온다
가지가 흔들리고 낙엽들이 빙그르르 돌고
하늘이 빙그르르 돌아간다
시월의 하루가 낙엽 지듯 지고 있다
나무는 몸피 속에 새로운 나이테 하나를
꽁꽁 쟁여 넣고 있다

반액세일

고층빌딩에 매달려 펄럭거리는 현수막
외치고 또 외친다
바겐세일, 대박세일, 몽땅세일……
화려한 불빛에 이끌려 들어선 곳은
아줌마들의 패션쇼가 한창인 옷가게
옷더미를 헤치며 이것저것 매만지고 입어보는
진풍경에 편승을 한다
살까 말까 망설이는 여자
반품하는 여자들의 틈바구니에
아줌마들의 알뜰한 정신과 힘이 있다
팍팍한 현실에서
남편과 아이들의 입성은 챙기면서
자신에게 소홀할 수밖에 없었던 주부들
마음껏 골라잡으며 빈 가슴 채우느라 바쁘다
그러다 지갑 속을 계산해 보았는지
슬그머니 내려놓고 식품가게로 총총히 들어서는
대한민국 아줌마들
동태찌개가 있는 저녁의 따끈한 두레밥상에서

건강한 웃음들을 키울 것이다
점원의 웃음마저 반액세일 되는 시간
나도 걱정 하나를 반액세일 하며 돌아온다

커피가 왔다

커피향 가득한 찻집
원두 가는 소리가 음악처럼 들린다
난로가 장작불을 피우며 타닥타닥 박자를 맞춘다
나에게도 저 불꽃같은 열정으로
무언가를 담아보려고 이리저리 뛰어다니던
뜨거운 시절이 있었다
나는 지금 무엇을 내 인생에 담아놓고 있는가
유리창 너머 자유로이 왔다 가는 바람에게 나를 맡기고 싶다
물 흐르듯 바람 흐르듯 더불어 흐르고 싶다
또렷하고 분명하게 각인된 시간들을 돌려보면
언제나 먼저 흔들린 것은 나였으니,
못된 바람이 나를 흔든 것은 아니었다
흔들렸지만 부러지지 않았으니 오늘을 조우하는 것이겠지
이래도 저래도 다 지나가는 일이라고
누군가가 일러주는 말도 위안이 되는 찻집에서
바람쯤이야 견딜 만했다고
창밖 흔들리는 나뭇잎들을 보며
짤막한 상념들을 이어가는데 커피가 왔다

한 모금 들이키니 정말 쓰다
인생의 쓴맛을 고스란히 담아내고 있다

작은 충만

새로 생긴 길에서 방향을 놓쳤다
한적한 외곽도로변
불평하는 차를 달래며 문을 내리니
햐, 아카시아 꽃향기 바람과 몸을 섞고 있다
풀들은 풀들끼리 꽃들은 꽃들끼리
질펀하게 어우러지는 오월의 낯익은 향연이다
잠시 할 일을 잊는다
느티나무 아래 기어이 차를 세워보니
출출한 시장기가 몰려와 식당부터 찾는다
특선 메뉴에서 꽃 비빔밥을 발견하고
호기심 반 기대 반으로 기다리니
쌉쌀한 봄나물 위에 듬뿍 얹힌 꽃, 꽃밥
꽃 비빔밥을 먹는다
햇살과 바람에 버무려진 오월의 향기
낯선 길에서 만난 소소한 행복까지
쓱쓱 비벼가며 마음의 허기까지 말끔히 비워낸다
잘못 들어선 길에서 맛보는 작은 충만
길이란 늘 쉽게 잃어버릴 수도 있고

쉽게 찾을 수도 있는 일이라고
오월의 꽃들이 입을 모아 일러주고 있다

거꾸로 본 세상

비가 온다는 일기예보는 적중했고
잿빛 하늘은 눅눅하다
촘촘한 방충망이 간간이 흔들리고
새소리도 짧게 흔들린다
분홍색 커튼이 흔들릴 때마다
눈꺼풀이 파르르 떨린다
방 안을 엿보던 감나무도 물구나무서 있다
조립식 지붕에 가려진 아파트 꼭대기는
허공 위에 세워진 비석으로 즐비하다
가로등 위 감시카메라가 빨건 밤을 새워도
창문을 넘어 귀뚜라미는 뛰어들고
물옥잠 보랏빛 꽃잎 같던 여름도 물러날 기세다
계절도 물구나무를 서는가
가끔은 거꾸로 뒤집어보는 세상
달라지는 건 아무것도 없다
벽지 속 꽃들은 여전히
흔들림 없이 웃고 있다

쓸쓸한 찻집

차를 주문하고
의자 깊숙이 몸을 밀어 넣는다
통유리에 매달린 빗방울들이
여름을 툭툭 떨구고 있는 저물녘
키 작은 꽃들은 약속이나 한 듯
같은 방향을 바라보고 있다
탁자 위 촛불도 여유롭게 졸고 있다
찻잔에서 국화꽃이 피어나길 기다리는 동안
지나간 가을이 되돌아오고 있다
누구도 기다리지 않는 그 길을
쓸쓸한 마음이 걸어가고 있다
바람은 매일 부는 것이 아니라며
흔들면 그냥 흔들려 주라 하던
그녀의 목소리가 어디서 흔들리고 있는 것 같다
때론 카페라떼 달콤함으로
때론 녹아내린 초콜릿 얼룩처럼
지나가버린 그 가을이 창가에 어룽지고 있다

오늘

이글거리는 붉은 불덩이
성큼성큼 산등성이를 넘어 오고 있다
하늘을 안방처럼 차지하고 어지럽히던 구름들이
뒷걸음으로 물러나 길을 내어준다
잎들을 돌려보낸 가로수가
시린 손끝을 내밀며 온기를 빌리고 있다
어디서 나오는 걸까
거대하고 당당한 저 불길 속의 무한한 힘은,

동녘 하늘을 바라보며
내면에 가득 차오르는 환희의 소리를 듣는다
주렁주렁 매달려 흔드는 것들
삶의 수위를 조절하느라 진을 빼던 날들
거추장스러운 옷을 훌러덩 벗어 던지고
미련 없이 마음의 가지치기를 한다
곤두박질치는 아우성마저 싹둑 잘라낸다

아직도 어둠 속에 웅크리고 있는 가슴을 내민다

뜨거운 혈맥이 꿈틀거리며 전신을 데워주자
나는 밟고 있던 브레이크를 풀고
천천히 속도를 올리며
아침 햇살 속으로 달려 나간다

기다림

저수지도 제 빛을 잃어가는 저물녘
여름의 끝자락을 붙들고 자지러지는 매미
풀벌레들이 합창을 한다
하루일과를 마친 새들도 둥지를 찾아가는데
불빛 하나가 나뭇가지를 흔들고 있다
누군가를 기다리는 불빛이 틀림없다
저만큼서 걸어오고 있을
금방이라도 손잡으며 나타날 것 같은
알 수 없는 일이 문득 일어날 것만 같은
그런 애매함이 보인다
산다는 것은 저 희미한 불빛 같은 흔들림을 보며
기다려보는 것이 아닐까
호수가 내려다보이는 카페에서
갓 구운 쿠키와 커피에 모처럼의 수다를 녹인다
밑지는 일도 한 발 늦게 가는 일도
결코 손해 보는 일이 아니라고 아는 척을 하며
맞장구를 치고
서두르지 않는 기다림의 삶을 살자고 외친다

나뭇가지에 매달려 흔들리는
불빛 하나를 보면서

악몽

석양은 산등성이를 쓰다듬으며
고단한 하루의 옷자락을 벗어던지고 있다
상복을 입은 사람들은
어둠을 지하 쪽으로 옮기고 있다
조문객을 받으며 하얀 미소를 짓는 국화꽃
향을 피우고 조문을 한다
분가루 같은 생을 툭 꺾어내고
국화 속에서 환하게 웃는 얼굴
흰 봉투가 쌓이고 악수가 오가고
달려온 신발들이 서로를 위로한다
밥상 앞에서 술잔을 비우는 사람들
마지막 술잔이 비워질 무렵
왁자지껄 한바탕 소란이 일고
지나온 날들을 심판이라도 하듯
한 무리 험악한 눈빛들이 확 들어선다
저승길을 쉬 열어주지 않을 기세가 분명하다
한밤중의 악몽에 잠을 빼앗기고
의문스런 죽음의 배후를 곰곰 되짚어본다

상수리나무

늙은 상수리나무 한 그루
푸른 이끼를 뒤집어쓰고 하늘과 독대하고 있다
썩기 시작한 등걸에
나비 한 쌍 고요히 날아들고
개미는 여전히 부지런하다
매미가 악을 쓰며 숲을 흔들어대자
잎들이 일제히 일어나
또 하나의 우주를 맞이하고 있다
강이 멈추고 바람이 멈춘 자리
하루살이도 슬그머니 그 존재를 드러낸다
아, 이곳은 그들의 하늘이었구나
거미줄에 걸려 걸음을 멈추고
상수리나무를 들여다보는 사이
상수리나무가 나를 받아들이는 것 같다
하늘의 문을 열어 나를 들이는 것 같다
나는 잠깐 나의 세상을 잊고
낯설고 아늑한 그들의 세계를 탐닉하기 시작했다

그저 지켜볼 뿐

누군가가 검은 복면을 하고
창문으로 들여다보는 것 같은 착각에 빠진다
아무도 아무것도 보이지 않는데
벽과 창문 사이
밑도 끝도 없는 생각들이 굴러다닌다
덜컹덜컹 쿵쿵쿵
하나가 끝나면 또 다른 걱정들이 굴러다닌다

아이들이 커갈수록 기도가 커지고
기도가 클수록 근심조차 커진다
눈덩이처럼 불어나는 생각들
자식나무 키운다는 것은 걱정을 키우는 일이다
더러는 부러운 눈길을 보여주지만
단단한 뿌리를 내릴 수 있기까지
힘들고 어려운 고비가 얼마나 많을 것인가
아직은 어린 청춘들이 감당하기에 벅찬 세상
흔들리며 자라는 모습을 그저 바라볼 뿐,
오랜 감기와 가슴 통증으로

절벽 위를 걷던 아이가 겨우 잠이 들자
덜컹거리던 창문 소리가 잠잠해진다
걱정들도 잠시 잠이 든다

경칩

요란스런 새들이 창문을 연다
문 열리기를 기다렸다는 듯
바람이 아침 향기 한 줌을 훅 불어넣는다
달래와 냉이 봄나물 몇 가지 얹어
입맛 챙겨 나서는 출근길
아스라한 전봇대 위의 빈 둥지를 노리던
새 한 마리 달뜬 몸을 들여놓는다
농경을 서두르는 농부의 삽질에 놀란 흙들이
파르르 경련을 일으킨다
거름포대가 뉘어지는 것을 보니 새싹이 꿈틀거리고
땅속의 미물들도 배냇짓을 시작했겠다
나뭇가지마다 겨울눈이 통통 부어오르고
길 건너 수양버들 허리가 한층 더 요염해지고 있다
겨울을 잘 견뎌낸 것들은 숨소리부터 달라
허공을 바라보니
아득한 현기증이 빙그르르 세상을 뒤집어 보여준다
묵은 감정들이 화들짝, 환기를 서두른다

입춘대길

가을 가고 겨울 깊은 지 한참인데
얼음을 뚫고 고개를 내미는 돌미나리
겨울나무는 온몸에 촉각을 곤두세우고서
움찔움찔 새움을 틔울 준비를 하는 중이다
땅 밑의 온기를 감지했는지
동장군도 스스로 물러갔는데
나만 아직 겨울 속에 잠겨 있었나
봄을 맞이할 아무런 마음의 준비도 못했는데
식물들의 낌새를 보고서야 겨우 눈치를 챈다
아, 봄이 일어서고 있는 것이 분명하다
잡풀들이 일어서고
땅 밑에서 겨울잠에 빠져 있던 미물들의
움직임이 다가온다
나는 얼른 마음의 붓을 들어 일필휘지한다
立春大吉

빈터

왁자하던 소리의 시간들이 사라지고
조용한 어스름의 빈터
늙은 소나무에 걸려 있던 석양이
툭, 떨어지자
하늘도 어둠 쪽으로 기운다
모여 놀던 구름들도 뿔뿔이 흩어지고
강을 건너온 바람이 주인행세를 하고 있다
작은 풀들이 보여주는 하루의 뒷모습에서
문득 내 삶의 행보가 읽힌다
때로는 풀이었다가 구름이었다가
바람이 되었다가
끝내는 소나무를 놓아버리는 석양이었다가……

나무벤치에 몸을 걸치고
깊고 긴 사색의 골짜기를 더듬어본다
불꽃으로 타오르고 싶었던 날들의 행방을 찾아본다
지난날의 행방이란
이곳을 스쳐간 소리들처럼

흔적조차 남기지 않는다는 것을

알지도 못한 채,

두물머리를 지나며

남한강과 북한강의 합수
두 물이 한 물 됨을 망설이지 않는다
서로의 가슴에 왈칵 안겨들어
하나 되어 흘러가는 유유한 흐름
간밤의 폭설도 스스로를 녹여 합수하고 있다
물의 포용력이 놀랍다

강기슭엔 아직 눈이 쌓여 있는데
겨울나무는 물속에 담근 발이 시린 줄도 모르고
하늘을 바라보며 천명을 기다린다

산허리를 끼고 도는 고요한 동행
서로가 서로를 쓰다듬고 화합의 넉넉함이
넘실넘실 넘치는 두물머리
맹추위와 한파주의보가 전파를 타거나 말거나
그저 무심으로 흐르고 있다

해설

생의 이슥한 불안과 희망

고영 시인

1.

한 편의 시를 쓰기 위해 시인은 자신의 가장 내밀한 시간 속으로 걸어 들어간다. 그 속에서 경건하기조차 한 자세로 마음의 결을 살펴보게 된다. 그것은 시인들 모두가 근심과 불안의 자녀들이기 때문이다. 서구의 여러 신화는 이 근원적 불안을 결국 '육체와 영혼'이 결합된 인간 존재의 운명으로 해석하고 있다. 그렇다고 죽음이나 소멸과 같은 비극성에 지나치게 빠질 필요는 없다. 물론 어떤 거대한 상징에 기대 우리의 한계를 초월하기를 꿈꾸거나 운명적 상황을 제대로 이해하고 그 안에서 삶의 지혜를 추구하는 것도 바람직하다. 하지만 대부분의 경우 일상의 작은 위로에 기댈 수밖에 없는 것도 이 번잡한 문명과 시대에 던져진 우리의 숙명일지도 모른다. 어쨌든 시는 나름의 방식으로 세계와의 일체감을 지

향하면서 인생의 진실을 찾아가는 가장 진솔한 방식 중에 하나임이 분명하다.

최경순 시인의 첫 시집 『그 생각이 나를 지배하기 시작했을 때』는 일상에서 환기되거나 불현듯 찾아오는 근심과 불안을 '꽃'이나 '나무'와 같은 식물성 세계의 낯익은 사물들을 통해 내면화하거나 극복하려는 의지를 보여주고 있다.

창가에서 바라보는 감나무 한 그루
아침 새소리에
나뭇잎들이 팔랑팔랑 대꾸를 하고 있다
살짝 흔들리기도 하는 가지는
새소리를 덧입은 나무의 울음일지도 모른다는
그 생각이 나를 지배하기 시작했을 때
떨고 있는 가지의 미세한 느낌을
감지한 것은 내 어깨의 통증 때문일 것이다
아무 데도 갈 수 없는 나무의 생
바람과 비와 폭설을 견디고
뇌성벽력에 한쪽 팔을 바치기도 하면서 지켜온
나무의 생은 고집 때문만은 아닐 것이다
가지가 내려앉을 만큼 선심을 베풀던 감나무
해거리를 하는지 풋감 몇 개뿐이다
구부러진 나무의 어깨를 보며
내 아픈 어깨를 가만히 쓰다듬는다

나를 지켜내고 감당하느라
무거운 짐 마다하지 않던 나의 두 어깨를,

—「그 생각이 나를 지배하기 시작했을 때」 전문

시인은 평화롭고 정겨운 일상의 아침을 시작한다. "새소리에/나뭇잎들이 팔랑팔랑 대꾸를 하고" 있는 풍경은 오늘 하루도 무사히 흘러갈 것이란 기대를 은연중에 내비친다. 하지만 작품은 곧바로 극적인 반전(反轉)을 보여준다. "살짝 흔들리기도 하는 가지는/새소리를 덧입은 나무의 울음일지도 모른다는" 생각이 시인을 지배하기 시작하기 때문이다. '감나무'가 자기 울음을 들키지 않기 위해 '새소리'에 덧대 울음 운다는 발상은 시의 후반에 드러나는 나무의 자기희생과 결합하여 깊은 울림을 빚어낸다. "아무 데도 갈 수 없는 나무의 생"이라는 시적 진술이 함축하고 있는 것처럼 "바람과 비와 폭설을 견디고/뇌성벽력에 한쪽 팔을 바치기도 하면서 지켜온" 자리는 단순히 '고집' 때문만은 아닐 것이다.

표제작이기도 한 이 작품에서 가장 주목해야 할 부분은 "그 생각(나무의 울음)이 나를 지배하기 시작했을 때"가 아니라 나무의 속울음을 감지할 수 있게 한 '내 어깨의 통증'이다. "나를 지켜내고 감당하느라/무거운 짐 마다하지 않"았던 어깨는 사실, '꽃과 아이들'의 이미지로 거듭해서 등장하는 가족과 후세대를 위한 '나'의 희생적 자아로 읽어야 한다. 한 자리를 지키고 서서 해마다 열매를 맺어야 했던 감나무와의 동일시는 이번 시집을 끌어가는 최경순 시인의 주된 동력이자 시적 전략이라고 할 수 있다. 가령, 「자전거」에서 "넝쿨장미와 아카시아를 따돌리며/길을 줄여가는 딸아이의 풋풋한 행진이다/아직은 걸림돌 하나 보이지 않지만/세상의 길에는 늘 함정이 있다는 것을,/청춘의 이름만으로는 건너지 못하는 강도 있다는 것을,/알지 못하는 딸은 그저 달리기만 한다/무지갯빛 수를 놓으며/두 개의 바퀴와 호흡을 맞추고/긴장과 위태로움이 존재하는 세상 속으로/푸른 청춘 하나 용감하게 들어서고 있"는 딸아이의 '풋풋한 행진'을 노래하는 것처럼 말이다. 이 시의 밑바탕에 깔려 있는 염려와 불안, 즉 세상의 길에 놓여 있는 '함정'과 "청춘의 이름만으로는 건너지 못하는 강"을 최경순 시인은 설명하거나 납득시키려 하지 않는다. 그저 '딸아이'를 응원하는 따듯한 시선으로 낯익은 사물들을 시의 이름으로 호명할 뿐이다. 새로운 감성의 유대감을 형성하게 하는 것, 그것이 바로 최경순 시인이 가진 시의 힘이다.

2.

최경순 시인은 '아침과 저녁', '봄과 겨울'처럼 이질적인 것 같지만 결국은 한데 묶여 있는 시간의 연쇄와 단절에 대한 예민한 감각을 드러내고 있다. 이런 시간관이 의미하는 것은 하루, 또는 한 계절 단위로 반복하는 일상과 생활이다. 이를 시인은 무척이나 소중하게 생각하고, 거기에 나름의 의미를 부여하고 있음을 반증

한다.

> 저녁노을 속으로 새들이 사라지고
> 빈 들판의 억새들이 불타고 있다
>
> —「새들은 사라지고」 부분

> 밀물처럼 넘실넘실 다가오는 아침을
> 갈매기가 이끌어주고 있다
>
> —「일출」 부분

인용한 작품들이 보여주는 '저녁과 아침'은 그저 소멸하거나 마지못해 밀려가고 밀려오는 기계적 반복의 결과가 아니다. 시인은 "사라진 새떼들을 벌써 기다"리고 있고, 아침이면 "내일에 무게를 싣지 않고/새의 날개보다 가벼운 마음으로/행복의 밑그림을 그"리기 때문이다.

하지만 아무리 겸손하고 진실한 자세로 순간순간 주어진 시간 앞에 선다고 해도 우리는 본래적으로 극복할 수 없는 '간극', 한계상황과 마주할 수밖에 없다. "식솔들을 두고 떠나가는 망자는/저 어리고 힘없는/식솔들의 눈물을 보지 못한다/이별이란 저토록 처절한 통곡의 강을/건너야만 하는 것인가"(「간극」)라는 한탄이 터져 나오기도 하고, "스멀스멀 기어오르는 삿된 생각의 잔뿌리들"이 거슬리는 날에는 "곪아터진 시간일랑 그대로 두기로 하자/봉오리 맺었다고 다 꽃이 되는 것은 아니더라/익숙한 내가 낯선 나를 거부할 때/가끔은 그냥 그대로 내버려두자"(「가끔은 그대로」)고 스스로를 다독이기도 한다.

이를 통해 시인은 '오늘'을 살아가는 자세를 다음과 같이 힘주어 피력하기도 한다. "동녘 하늘을 바라보며/내면에 가득 차오르는 환희의 소리를 듣는다/주렁주렁 매달려 흔드는 것들/삶의 수위를 조절하느라 진을 빼던 날들/거추장스러운 옷을 훌러덩 벗어던지고/미련 없이 마음의 가지치기를 한다/곤두박질치는 아우성마저 싹둑 잘라"(「오늘」)내 버리는 의지의 표현이 그것이다. 그러나 아침마다 "내면에 가득 차오르는 환희의 소리"를 듣는 것은 시인의 소망일 뿐이다. 조금만 눈을 돌려 보면 세상은 온통 소멸하는 것들로 가득하다.

죽음에의 불안, 염려보다 더 지독한 것이 있을까. 하지만 잘 생각해보면 '죽는다는 사실'은 그 자체로 크게 문제될 것은 없다. 왜냐하면 죽는 사람은 그 자신의 죽음을 체험하지 못한다. 또한 살아남은 이들은 죽은 이의 그 이후를 알 수 없다. 실상 괴로운 것은 '이별'인데, 한 번의 헤어짐이 절대적이고 완전하게 비가역적으로 흘러간다. 최경순 시인은 여기서 나름의 행동수칙이랄까, 나름의 대비책을 준비하고 있는데, 이 또한 낯익은 사물을 새롭게 만나면서 이루어진다. "오래되어 낡아가는 일/어쩌면 시선 밖으로 밀려나는 일일 테지만/세월의 더께 속에 다져진 은밀한 약속처럼/많은 것을 품어주는 일"(「낡은 의자」)임을 되새기면서 순간순간에 충실하려는 것이다. 마치 "낡은 의자가 거미집을 품듯이,/느티나무가 낡은 의자를 품듯이," 서로를 품어주고 기댈 수 있는 어깨를 내어주는 삶의 자세를 지켜나가는 것이다.

시인이 근심과 불안을 이겨내고 최선의 방식으로 삶을 경영하고자 끊임없이 자기를 다독여나가는 데는 아무래도 '가족'에 대한 사랑과 희망이 밑바탕이 되고 있는 것처럼 보인다. "저녁 어스름과 함께/하나 둘 모여드는 발걸음 소리에/환한 얼굴들의 기다림이 있는 곳/현관에는 아직도 평수를 넓혀가는/작은 신발 한 켤레가/미래를 향해 달려갈 준비를 하고 있다"(「가족」)는 정경은 얼마나 아름다운가. "작은 신발 한 켤레가" 온 가족의 희망을 웅변적으로 비유하고 있다.

꽃 시절은 저리도 짧다
차례대로 피우고 차례대로 보내주다
볼품없이 남은 꽃대는 저 혼자 외롭다
수직의 등뼈가 구부정해질 때까지
점점이 찍혔을 무수한 통점들을 아우르며
소멸의 시간을 기다리고 있다
화분 속의 탯줄은 아직 살아있는지
간간히 가느다란 물소리가 들린다
봄날의 연둣빛 반란을 준비하기라도 하는가
뜨거운 날들이란 속절없이 짧은 것이라서
꽃으로 살던 나의 날들도
희미한 기억을 들쓰고 있다

내 부모님의 색깔은 나에게 보랏빛으로 남아
떨어진 꽃잎들을 유리병에 넣어두곤 했는데
손끝이 닿을 때마다 바스락거리는 병 속의 갈증들이
간절함을 대신하고 있다
묵은 생각 하나 켜들고 병 속을 헤집어본다

—「호접란」 전문

이번 시집에서 '가족'이 대상으로 등장하는 경우에도 부모나 형제자매보다는 '아이'가 중심이 되는 작품이 대중을 이룬다. 인용 작품의 경우, "꽃으로 살던 나의 날들도/희미한 기억을 들쓰고 있다/내 부모님의 색깔은 나에게 보랏빛으로 남"았다는 부분에서 약간의 전언을 확인할 수 있다. 물론 직접적으로 「동백꽃」에서는 "지천명의 세월을 먹고서야/겨울눈 속에 벙그는 동백꽃의 고결한 사랑이 보인다/여명을 거치고 나가 달을 이고 돌아오던 엄마에게도/동백보다 붉고 고결한 청춘이 있다는 것을/나는 너무 늦게 알았다"는 시적 진술이 등장한다. 어쩌면 '지천명'이 비유하는 회한(悔恨)이 이유가 될지도 모르겠다. 어쨌든 인용 작품에서는 짧은 꽃 시절에서 '무수한 통점'들을 아우르다 끝내는 "소멸의 시간을 기다리는" 존재로 화(化)하는 게 꽃이다. 게다가 '보랏빛'이라는 색깔은 한층 더 비극성을 강조하고 있다. 앞에서 잠시 최경순 시인은 '꽃'과 '아이'의 이미지를 통해 삶의 근심과 불안을 넘어서는 희망을 그려내고 있다고 언급했는데, 이 작품 역시 그렇다. '통점', '소멸'과 같은 어두운 어휘에도 불구하고 "화분 속의 탯줄은 아직 살아있는지/간간히 가느다란 물소리"를 들려주고 있다. 어쩌면 최경순에게 있어 '호접란'은 "봄날의 연둣빛 반란을 준비"하고 있는 시인, 그 자신일지도 모르겠다.

처음으로 화단에 옮겨 심은 꽃 한 송이
날마다 이름을 불러주었다

따스한 바람의 꼬리를 붙들고
천천히 대궁을 밀어올리고 있는 모습을 보며
나도 마음의 힘을 보탠다

얇은 보자기를 뚫고 햇살이 통과하듯이
흘러내린 꽃물이 내 가슴을 물들이고 있다
출산의 고통을 애써 감추려는 듯
바람 속에 꽃을 내밀고 있다
세상에 고통 없이 태어나는 생명은 없다

눈부신 기다림의 시간이 열리고
노란 꽃잎을 받쳐 든 대궁 속을 보니
웃고 있는 모습이 우는 모습으로 보인다
나는 나의 산통을 기억해내곤
꽃들의 아름다운 진통을 느껴보는 것이다

수선화야
내가 너의 이름을 부를 때마다 조금씩
내 마음을 끌어당기고 있었구나
우리는 서로에게 꽃, 그 이상의 의미를 나누고 있구나

—「꽃의 진통」 전문

시인은 '수선화'가 개화하는 모습을 지켜보면서, 아니 '대궁' 속을 자세히 살펴보면서 "웃고 있는 모습이 우는 모습으로 보인다"고 토로한다. 사실 이 부분을 그저 비유적 사실만으로 읽으면 시인이 꽃처럼 예쁜 딸아이를 낳을 때의 '산통'을 기억해냈다고 표면적으로 이해할 수 있다. 하지만 더 중요한 점은, '꽃'이 '아이'와 중첩하면서 미래의 '희망'이라는 의미로 전치되고 있다는 것이다. 이는 다른 작품, 「낙화」를 통해서도 확인할 수 있다. "사람들의 눈빛을 머금고/차창 위로 대지 위로 가볍게 착지하고 있다/저 얇은 꽃잎들 손에 손을 맞잡고/온 거리를 밝히고/넘어진 마음들을 일으켜 세"우는 '꽃비'를 시인은 "아름다운 소멸"이라고 표현하고 있지 않은가. 결국 '꽃잎'은 '씨앗'이 되어 보다 희망적인 미래를 약속하는 것이다. 좀 비약이 될지 모르지만, 최경순 시인은 "는개 내리는 밤/봄의 창을 열고 연둣빛 꿈으로 가는 나무"를 보면서 "푸른 잎 꿈틀거리는 나무의 심장 소리 듣는다/나뭇가지를 맴도는 수천수만의 물방울들/부서지듯 타오르는/저것은 물꽃이 아닌 뜨거운 불꽃이 분명하다"(「물꽃 그리고 불꽃」)고 선언한다. 물의 생명에서 불의 에너지, 즉 생명의 변화상을 읽는 것이다. 중요한 어휘로 등장하는 '연둣빛'의 비밀도 이쯤에서 유추해볼 수 있다. 그것은 생명의 빛깔이면서 아직은 소멸을 알지 못하는, 성숙을 향해 가는 생장의 상징이라고 보아야 할 것이다.

3.

지나치게 이분법적으로 생각할 필요는 없겠지만, 존재자로서 우리가 겪는 근심과 불안은 끈질기고 강력하다. 그래서 아무리 겸손하고 성실한 자세로 일상의 위로와 생활의 지혜에 기댄다 해도 그 그림자들을 다 걷어내기에는 역부족인 게 사실이다. 그래서 때로는 결과보다 자세를 먼저 읽고 이해해야 한다. 간혹 실패하더라도 그 의지와 과정에 가치를 부여해줄 필요가 있다. 최경순 시인은 「입춘대길」에서 "잡풀들이 일어서고/땅 밑에서 겨울잠을 빠져 있던 미물들의/움직임이 다가온다/나는 얼른 마음의 붓을 들어 일필휘지한다"고 쓴다. 즉, 봄의 기운을 느낄 때마다 '일필휘지'로 '입춘대길'을 쓰면서 한 해, 생의 순환으로서의 한 주기를 매번 처음처럼 다시 시작하는 것이다. 이런 자세는 언뜻 보기에는 「낡은 의자」나 「느티나무」에서 보여주는 '또 하나의 우주'에의 탐닉과는 모순되는 것처럼 보인다. 하지만, "늙은 상수리나무 한 그루/푸른 이끼를 뒤집어쓰고 하늘과 독대하고 있다/썩기 시작한 등걸에/나비 한 쌍 고요히 날아들고/개미는 여전히 부지런하다/매미가 악을 쓰며 숲을 흔들어대자/잎들이 일제히 일어나/또 하나의 우주를 맞이하"(「상수리나무」)는 것을 관념이 아니라 관찰에 의해 인지하고 있다는 데 더 큰 의미가 있다. 봄이 시간이라는 흐름의 비유라면 시인이 등장시킨 '꽃'이나 '나무'가 다 한 공간을 점유하는 존재라는 점에서 늘 새롭게 시작되는 시공(時空)이다. '여기—지금'을 노래하고 있다고 이해할 수 있을 것이다.

여기까지 쓰고 보니, 일상의 위로가 작거나 가볍다는 뉘앙스가 풍겼을지 모르겠다. 여기 결코 그렇지 않다는 것을 보란 듯이 증명하는 작품이 있다.

잘 익은 호박 한 덩이
허름한 슬레이트 지붕 위에서 가을을 맞는다
펑퍼짐한 엉덩이를 깔고 앉아
푸른 하늘을 벌컥벌컥 들이마시고 있다
어떤 호탕한 웃음소리가 창공을 흔들며
지나가는 발걸음들을 불러 세운다
늙은 호박에 모이는 시선들
먼 세상이 보이는 듯 고개를 주억거린다
꽃 시절에 견뎌내던 폭우와
천둥번개의 협박을 참아내며
허공을 더듬어 오르던 어제의 인고가 없었다면
어찌 저 호탕한 웃음소리 들을 수 있겠는가
빗소리 바람소리 자장가 삼아
가부좌 틀고 앉아 묵묵히 익힌 시간들

하늘과 독대하며 해탈의 길로 들어서고 있다
가난한 슬레이트 지붕 위의 늙은 호박
누런 복주머니를 열면
금빛 주화가 주르르 쏟아질 게다

—「늙은 호박」 전문

시어들, '가을', '허름한 슬레이트 지붕', '늙은 호박' 등이 풍기는 쇠락의 냄새 말고 이 작품에선 "하늘과 독대하며 해탈의 길로 들어서고" 있는 '호탕한 웃음소리'가 큼지막하게 들려온다. 시인은 그 웃음소리를 마음속에 계속 메아리치게 하고 '누런 복주머니'를 연다. 마구 쏟아지는 '금빛 주화'들이 쌓인다. 이 마음의 금빛 주화는 시인에게 있어 '시'가 아니면 또 무엇이겠는가? 일상의 나날에 금빛 시, 연둣빛 시가 그득그득 쌓이기를 기대해본다.

이 도서의 국립중앙도서관 출판시도서목록(CIP)은 서지정보유통지원시스템 홈페이지(http://seoji.nl.go.kr)와 국가자료공동목록시스템(http://www.nl.go.kr/kolisnet)에서 이용하실 수 있습니다.(CIP제어번호: CIP2017003757)

문학의전당 시인선 249

그 생각이 나를 지배하기 시작했을 때

초판 1쇄 인쇄 2017년 2월 13일
초판 1쇄 발행 2017년 2월 20일
지은이 최경순
펴낸이 고영
책임편집 서윤후
디자인 헤이존
펴낸곳 문학의전당
출판등록 제2017-000002호
주소 서울시 마포구 마포대로 11길 91, 3층
전화 02-852-1977 팩스 02-852-1978
전자우편 sbpoem@naver.com

ISBN 979-11-5896-307-1 03810